Lk 2561.

VILLE DE DUNKERQUE.

INAUGURATION

DU

CHEMIN DE FER.

Notice sur Dunkerque.

Dunkerque, l'une des plus belles villes du département dont Lille est le chef-lieu, et place forte sur la frontière belge, fut de tout temps célèbre par son immense commerce, par son heureuse position topographique entre l'Océan et la mer du Nord, en face de la Tamise et au centre de trois capitales, Londres, Paris et

1849

Bruxelles; par son port qui fut le plus fréquenté du monde et qui tend chaque jour à reconquérir son activité d'autrefois; par le courage de ses marins, dont la réputation est européenne; par le génie industrieux de ses habitants, qui, dans les maux que la politique a accumulés sur eux, ont su toujours lutter contre le sort, et asseoir sur des ruines une splendeur nouvelle.

Ceux qui jugeraient Dunkerque aujourd'hui par ce qu'il était il y a seulement vingt années, s'en feraient assurément une idée très-fausse. Cette ville a subi, dans ces derniers temps, une véritable métamorphose. Son enceinte s'est considérablement agrandie, les constructions s'y sont multipliées, le nombre de ses édifices s'est accru, ses habitations ont été pour la plupart exhaussées, et toutes, pour ainsi dire, sont maintenant d'une architecture moderne, élégante, et du plus gracieux aspect. Avant de donner quelques détails sur les monuments, les établissements publics, les promenades, les curiosités qui méritent l'attention des étrangers, il n'est pas sans utilité de jeter un coup-d'œil rapide sur l'histoire d'une cité, plus importante qu'on ne le croit généralement, et qui, à diverses époques, n'a pas été sans influence sur les destinées de l'Europe.

L'origine de Dunkerque n'est pas ancienne. A l'arrivée de César dans ce pays, il est probable qu'il n'en existait encore aucun germe. Au septième siècle, dans le voisinage d'un bras de mer qui fut depuis le port, un hameau s'était formé; ses habitants étaient de pauvres pêcheurs qui vivaient du produit de leur pêche. On attribue à Saint-Eloi d'y avoir fondé, en 646, une chapelle qu'il appela dans la langue du pays Dune-Kercke, c'est-à-dire église des dunes, d'où est venu Dunkerque.

Dépendant des comtes de Flandre, ce hameau devint assez important pour être entouré d'une première muraille en 964 par Bauduin III. Dunkerque passa ensuite, à titre d'apanage, dans les maisons de Bourbon Dampierre, de Bar et de Luxembourg. Ce fut à Philippe d'Alsace qu'elle dut, en 1186, ses premières franchises, entr'autres l'exemption de tous droits de péage. En 1233, Laurent d'Espagne vendit Dunkerque à l'évêque de Cambrai, à condition qu'après la mort dudit évêque, elle appartiendrait à la comtesse Jeanne et à ses héritiers; cette ville retourna aux comtes de

Flandre, en 1284, par la cession que Bauduin d'Avesnes, seigneur de Beaumont, en fit à Guy, comte de Flandre, son frère. En 1299, Philippe-le-Bel s'empara de Dunkerque, mais quatre ans après les habitants secouèrent le joug des Français. Ce fut le premier siège que cette ville eut à soutenir. Les Français l'assiégèrent une seconde fois, mais inutilement, en 1488, et de nouveau en 1558. Cette fois le maréchal de Termes, qui commandait les assiégeants, se rendit maître de la place, où ses soldats se livrèrent au pillage et aux cruautés les plus révoltantes. Les Français, assiégés à leur tour et chassés par les Flamands, subirent de déplorables représailles. En 1583, les Français s'emparèrent encore de Dunkerque, mais s'en virent repoussés la même année par les Espagnols qui, en 1640, agrandirent la ville et lui donnèrent un nouveau circuit. Toujours jaloux de sa possession, les Français, aux ordres du prince de Condé, s'en rendirent de nouveau les maîtres, en 1646, et durent l'abandonner en 1652.

La célèbre bataille des Dunes fut donnée dans le voisinage de Dunkerque, en 1658. Turenne et Louis XIV en personne commandaient l'armée française. A la tête des Espagnols était le prince de Condé, qui avait déserté la cause de sa patrie. Le gain de la bataille par le grand roi entraîna la prise de la ville, que Louis XIV remit immédiatement aux Anglais, conformément aux conventions antérieures. Ainsi Dunkerque, en un même jour, appartint successivement à trois des principales puissances de l'époque.

Peu de villes subirent autant de vicissitudes et changèrent autant de fois de maîtres. Mais enfin son sort va se fixer. Les Anglais, qui avaient fortifié la place, qui y avaient construit une citadelle, consentirent à la vendre à Louis XIV pour la somme de cinq millions. Louis XIV vint lui-même prendre possession de la ville en 1662, et bientôt, sous les yeux de l'illustre Vauban, Dunkerque, dont la franchise venait d'être confirmée, vit entourer son enceinte de murailles formidables ; son port fut creusé et rendu accessible aux vaisseaux ; de superbes bassins furent construits, des canaux furent percés, et, parvenue au plus haut degré de sa puissance, cette place fut alors, sans contredit, l'une des plus considérables de l'Europe.

Mais des revers devaient suivre tant de prospérité. En 1713, le traité d'Utrecht, qui donna la paix à l'Europe, eut pour condition essentielle la ruine de Dunkerque. La destruction immédiate du bassin, des écluses, des remparts, des jetées et des forts, la fermeture du chenal par un batardeau de sable, suivirent de près ce traité. Un canal dirigé sur Mardyck pour l'écoulement des eaux du pays laissa un instant aux Dunkerquois l'espoir de créer là un nouveau port; mais en 1717 cette ressource leur fut aussi ravie.

Cette ville, riche de tant de glorieux souvenirs, marchait désormais vers une décadence complète ; un miracle pouvait seul la sauver et ce miracle arriva le 31 décembre 1720. Une tempête furieuse rompit le batardeau et rouvrit le chenal. La guerre qui se ralluma en 1740 donna lieu ensuite à la restauration du port et des fortifications ; mais leur destruction fut encore prescrite par les traités de paix d'Aix-la-Chapelle, en 1748, et de Paris, en 1763. Ainsi trois fois la ruine de Dunkerque fut le salut de la France.

Le succès des armes de la France pendant la guerre d'Amérique sauva Dunkerque d'une nouvelle destruction. La paix qui suivit, en 1782, ne prescrivit rien à l'égard de ce port, qui prit, dès lors, une importance commerciale progressive. La franchise de Dunkerque faisait abonder dans cette ville les produits de toutes les nations. C'était comme un vaste entrepôt, un marché perpétuel où, de toutes parts, on venait s'approvisionner. La guerre ralentit cette prospérité, mais la perte de sa franchise, en 1794, de cette franchise que les dunkerquois s'étaient habitués à regarder comme un héritage inviolable, porta un coup mortel au commerce de cette ville. Après la restauration, le gouvernement tenta, en 1816, de lui rendre son antique patrimoine, conséquence de sa position topographique, mais la chambre des députés y vit un privilège et la loi projetée fût repoussée. Depuis cette époque, les efforts de cette ville lui ont rendu une partie de son commerce; le sceptre des mers n'est point perdu pour elle: un vaste génie, un autre Colbert, saura un jour la rendre à ses hautes destinées.

Essentiellement adonné au commerce pendant la paix et à la course pendant la guerre, Dunkerque ne compte pas de notabilités de premier ordre dans les arts, ni dans les sciences. Cette ville n'est pas cependant aussi dépourvue de célébrités qu'on le croit généralement. Les hommes les plus remarquables qu'elle ait produits, dans les lettres, sont : Guillaume Martins, savant jurisconsulte, auteur d'un ouvrage en vers latins; Nicolas Vandenhelle, quatre fois recteur de la célèbre université de Louvain, et auteur de plusieurs ouvrages estimés encore au dix-huitième siècle ; Paul Vandenkerckhove, traducteur latin du traité d'histoire de Guichardin; Lambert de Briarde, président du conseil souverain de Malines, auteur de plusieurs ouvrages de droit et d'administration ; Cornil Schepper, ami de Charles-Quint, ambassadeur pour ce souverain dans presque toutes les cours de l'Europe, et auteur d'un voyage à Constantinople, d'un traité contre l'astrologie, etc. ; Pierre Faulconnier, auteur de l'histoire de Dunkerque ; Michel Deswaen, poète flamand ; Guillaume Beauvais, dont on a plusieurs ouvrages de numismatique ; Louis Gamba, consul de France à Tiflis, auteur d'un voyage dans la Russie méridionale ; et de Boileau, connu par plusieurs tragédies et par d'autres ouvrages en prose et en vers.

Dans les sciences, Dunkerque ne compte guère que Perse, inventeur des moulins à eau mus par le flux et le reflux; Denys Montfort, naturaliste, qui a écrit un ouvrage sur les molusques, imprimé avec les suites aux œuvres de Buffon, et qui, de 1802 à 1816, publia avec Sonnini la *Bibliothèque physico-économique*, journal qui a contribué puissamment au progrès des sciences naturelles; B.-L. Derive, auteur d'un *Précis sur les canaux et rivières de la Belgique et de la France*, et Alfred Thiery, connu par un savant ouvrage sur les *Applications du fer aux constructions de l'artillerie*. Dans les arts, cette ville peut citer les peintres Jean de Reyn, Corbéan, Ellias, Descamps et Delorge; le graveur Léonard; les compositeurs de musique Woets et Dourlen; les actrices Mme Scio-Messié, et Mlles Louise et Marie Lavoye; le lithographe Paulmier et le sculpteur Elshoecht. Les généraux Bisson, de St-Laurent, Thevenet et le comte Guilleminot forment les célébrités militaires de Dunkerque; mais c'est surtout dans la marine que cette ville réunit un faisceau d'illustrations, en tête duquel se place naturellement Jean-Bart, le nom le plus populaire du monde maritime. Autour de lui se groupent les vice-amiraux Mathieu Rombout, Josse Pieters, Mathieu Maes, Michel Dorne, Michel Colaert, Antoine Colaert, Jacques Colaert, Michel Jacobsen, François Bart, fils de Jean-Bart, et Philippe Bart, fils de François, qui fut chef d'escadre et gouverneur de Saint-Domingue. Les derniers temps y ont ajouté les contre-amiraux Vanstabel et Lhermite.

Dunkerque possède une sous-préfecture, un tribunal de 1re instance, deux justices de paix, une chambre et un tribunal de commerce, un hôpital militaire, deux églises, un collége communal, des écoles d'hydrographie, de dessin et d'architecture, une école d'adultes, une bibliothèque publique, deux salles d'asile, un hospice, un commissariat de marine, une direction de douanes, une direction des contributions indirectes, un conseil de salubrité, une commission sanitaire, un comité de vaccine, une société d'agriculture, une caisse d'épargne, une société humaine et un comptoir d'escompte.

Voici ce qui appelle plus spécialement l'attention des étrangers à Dunkerque :

ÉGLISE St-ÉLOI.

C'est sans contredit le plus beau monument de Dunkerque. Il a été bâti en 1440, mais son péristyle, élevé d'après les plans de l'architecte Louis, ne date que de 1783. Il offre une magnifique colonnade qui rappelle le frontispice de Néron, à Rome. Cette façade, de l'effet le plus imposant, contraste avec la construction gothique du reste de l'édifice. L'église contient plusieurs tableaux remarquables, entr'autres le *Martyre des Quatre Couronnés* par Jean de Reyn, de Dunkerque; *St-Roch priant pour la guérison des Malades* par le même; le *Martyre de Ste-Barbe* par Ellias, aussi de Dunkerque; le *Martyre de St-Georges* par François Porbus, de Bruges.

ÉGLISE St-JEAN-BAPTISTE.

Des neuf monastères qui existaient à Dunkerque avant la révolution, un seul, celui des Récollets, a été conservé, et il fut rendu au culte dès que la religion eut repris ses droits; on y a établi la paroisse de St-Jean-Baptiste. Plusieurs chapelles ont été construites dans les cloîtres qui rappellent la destination primitive du monument.

PETITE CHAPELLE.

L'origine de ce petit édifice remonte au quinzième siècle. Il existait dans les dunes voisines de la ville, une source d'eau douce, et une fontaine y avait été élevée. Des ouvriers en creusant la terre pour réparer la fontaine, trouvèrent une vierge enfouie dans le sable, et la population, croyant voir dans cette circonstance une manifestation divine, construisit, sur le lieu même, une chapelle de quelque pieds carrés, où la vierge fu déposée. Des miracles qu'on lui attribua la mirent bientôt en grande vénération.

Plus tard, lorsqu'en 1662 Louis XIV fit fortifier la ville, la chapelle se trouva enclavée dans une demi-lune. En 1713, après la destruction des fortifications, les Dunkerquois agrandirent l'édifice ou plutôt ils en élevèrent un nouveau dans lequel l'ancien forma le chœur. La dédicace du temple restauré eut lieu le 8 septembre 1714. La chapelle dévastée en 1793, servit de salle d'artifice et fut détruite par une explosion. Au retour de la monarchie, en 1816, on a reconstruit la chapelle à peu près sur le même plan, à l'aide d'offrandes recueillies chez les habitants, et, depuis cette époque, la vierge du lieu n'a pas été moins en vénération que par le passé. Une neuvaine y est célébrée tous les ans le 8 septembre, jour de la Nativité, et elle attire une affluence considérable des populations des campagnes et des villes environnantes.

HOTEL-DE-VILLE.

L'hôtel-de-Ville de Dunkerque fut construit par Godefroy de Condé en 1233. Brûlé en 1642 avec toutes les archives de la ville, on commença à le reconstruire en 1644, mais sa façade actuelle ne date que de 1810. Dans le vestibule très-vaste de ce monument, on voit la juste en marbre de Jean-Bart, par le sculpteur Isnot, et ceux du contre-amiral Lhermite et du lieutenant général Guilleminot, par Elshoecht.

LE COLLÉGE.

Cet édifice a été élevé en 1826 à la place de l'antique église des Jésuites, et contient de vastes dortoirs qui le rendent propre à recevoir de nombreux élèves. Une direction habile, des professeurs excellents ont mis l'établissement en réputation ; on le cite pour ses fortes études et il compte des élèves de pays très-éloignés.

LA BOURSE.

Cet édifice, dont la construction date de 1754, a son rez-de-chaussée voûté en pierres de taille. Chaque jour il est ouvert au commerce de midi à une heure.

Le premier étage du monument est affecté aux audiences du tribunal civil. La grande salle est ornée de tableaux peints par Descamps, de Dunkerque.

L'ABATTOIR.

Ce monument, construit dans la basse-ville en 1832, est remarquable par sa solidité autant que par ses larges proportions.

LA TOUR.

On n'est pas fixé sur la date de sa construction, mais on croit qu'elle existe depuis le commencement du quinzième siècle. Ce monument est d'une grande hardiesse et d'une solidité remarquable. Son escalier a 265 marches.

TOUR DU QUAI DITE LEUGHENAER.

Charles-Quint fit bâtir, en 1538, deux tours, l'une au bord de la mer, l'autre sur le quai. Des feux y étaient allumés la nuit, et, par la disposition des tours, en alignement avec le chenal, elles servaient de guide pour l'entrée du port. On ignore quand celle voisine de la mer fut démolie, mais celle du Quai s'écroula d'elle-même vers 1678. Cette dernière fut reconstruite au commencement du dernier siècle et un phare y est encore allumé aujourd'hui.

LE PHARE.

Elevé sur la jetée à l'ouest du port, il a été éclairé pour la première fois le 1er mai 1843. Son feu qui est aperçu de la mer à une distance de six lieues environ, est d'un utile secours pour les marins.

BASSIN ET CORDERIES DE LA MARINE.

Les corderies, vastes constructions, remarquables par leur régularité, qui entourent le bassin de la Marine, remontent, aussi bien que le bassin lui-même, au temps de Louis XIV ; mais ils ont été restaurés en 1794. Le gouvernement, jusqu'en 1810, a fait construire des frégates à Dunkerque. Aujourd'hui, le bassin de la Marine est temporairement à la disposition du commerce, en attendant que bientôt le port, fermé par une écluse de barrage, soit lui-même converti en un vaste bassin à flot.

ECLUSES DE CHASSE.

L'immense bassin que l'on voit à l'ouest du port, et dont la superficie est de trois cent quatorze mille mètres, fut terminé en 1826. Exécuté sous l'administration de M. Becquey, directeur-général des ponts-et-chaussées, et sous la direction de l'habile ingénieur M. Cordier, ce travail a eu pour but de dégager l'entrée du chenal du banc de sable qui tendait à l'obstruer. L'eau, retenue à une grande hauteur, est, par l'ouverture des écluses, lancée avec impétuosité dans la direction de la passe, et entraîne au loin le sable qui lui fait obstacle. Dès les premières chasses, un résultat satisfaisant a été constaté.

STATUE DE JEAN-BART.

Chef-d'œuvre du célèbre sculpteur David (d'Angers), cette statue colossale en bronze, a plus de quatre mètres de hauteur. Elle décore magnifiquement la place qui porte maintenant le nom du héros Dunkerquois, et cette place, par son étendue et sa régularité, est elle-même très-remarquable. L'inauguration de la statue, le 7 septembre 1845, a été l'occasion de fêtes brillantes qui ont appelé à Dunkerque plus de vingt mille étrangers.

HOTEL DES BAINS DE MER.

Ce bel établissement, construit sur une éminence que baigne la haute mer et près de laquelle s'étend au loin une plage unie et sablonneuse, et des plus convenables pour les baigneurs, attire chaque année de nombreux étrangers à Dunkerque. L'établissement se compose d'une vaste galerie; d'une grande salle de danse et de concert; d'un salon dit des dames, dans lequel un piano et de la musique sont à la disposition des visiteurs; d'un cabinet de lecture fourni de livres, de brochures et de journaux français et étrangers; enfin d'une salle de billard et d'un café-restaurant.

LE MUSÉE.

De création encore récente, le musée n'est pas moins déjà remarquable par de belles collections d'oiseaux, de coquilles, d'insectes et par des quadrupèdes de grande dimension, tels que le lion et la panthère. On y trouve aussi une belle réunion d'instruments de musique chinois et beaucoup d'objets de l'Inde et des îles de la mer du Sud.

Le musée offre en même temps une galerie de tableaux parmi lesquels il en est de fort beaux de Rubens et quelques autres des deux Téniers, de Van Ostade, de Wouvermans, de Janssens, etc.

LA BIBLIOTHÈQUE PUBLIQUE.

Sa création remonte au dernier siècle. On y compte environ 10,000 volumes parmi lesquels plusieurs grands ouvrages à gravures, tels que le *Piranesi*, la *Description de l'Egypte*, etc.

SALLE DE SPECTACLE.

Cette salle, qui surpasse peut-être en magnificence toutes celles du département sans en excepter le chef-lieu, a été ouverte au public le 20 novembre 1845. Elle a été construite sur les dessins de l'architecte Henry, modifiés par M. Develle. Du mois d'octobre au mois d'avril, trois troupes d'artistes viennent successivement y donner des représentations ; l'une spécialement consacrée à l'opéra, les deux autres à la comédie et au drame.

SALLE DES BALS ET CONCERTS.

De forme circulaire, parfaitement appropriée à sa double destination, cette salle peut contenir au-delà de mille personnes, en réservant pour la danse une place suffisante. Elle est décorée avec l'élégance et le bon goût que peuvent réclamer les fêtes les plus brillantes.

PROMENADES.

Le sol des environs de Dunkerque est peu accidenté, mais une riche verdure, des champs fertiles, de beaux pâturages, des habitations pittoresques offrent partout des promenades agréables. On peut mettre en première ligne le *Rosendael*, qui, bordé dans toute sa longueur de maisons de campagne et de riants jardins, justifie son nom flamand qui veut dire *Allée des Roses*. C'est là que le dimanche les promeneurs se portent en foule, et que, dans de vastes jardins publics qui se trouvent aussi sur cette route, les danses se prolongent jusqu'à une heure avancée de la soirée.

Les quais, les deux estacades qui longent le chenal et s'avancent jusque dans la mer, ont aussi le privilège d'attirer la population et les étrangers qui visitent la ville. Près de l'estacade de l'est se trouve le magnifique hôtel des bains, qui est ainsi comme un point de station pour les promeneurs.

Le Parc de la Marine, aux allées si bien ombragées, est également le rendez-vous de la foule, lorsque la musique de la garde nationale ou celle de la garnison y donnent des concerts.

PROGRAMME DES FÊTES.

Le maire de Dunkerque, afin de solenniser l'inauguration du chemin de fer de PARIS A DUNKERQUE, arrrête les dispositions suivantes :

Les fêtes de l'inauguration du chemin de fer de Dunkerque à Paris, auront lieu les 3, 4 et 5 septembre 1848, dans l'ordre ci-après :

1re JOURNÉE. — 3 septembre.

Inauguration.

Dès neuf heures et demie du matin, un détachement et le corps de musique de la garde nationale, accompagnant le clergé, les autorités civiles et militaires, tous les fonctionnaires, enfin, qui auront déféré à l'invitation du maire, partiront de l'Hôtel-de-Ville pour se rendre, en passant par le Pont-Rouge, au débarcadère du chemin de fer où sera faite, par Mgr le cardinal archevêque de Cambrai, la cérémonie de la BÉNÉDICTION aussitôt après l'arrivée du premier convoi.

L'apparition des locomotives sera saluée par le son de toutes les cloches et par des salves tirées par les artilleurs de la garde nationale.

Les corps de musique des villes qui auront bien voulu se faire représenter à la cérémonie, se rangeront sur la chaussée entre le pont Rouge et le pont National, où il sera procédé à leur réception.

Les diverses réceptions terminées, le cortège accompagné des musiques exécutant alternativement des pas redoublés, se rendra sur la place Jean-Bart où aura lieu, sur l'estrade disposée à cet effet, l'exécution de la CANTATE de l'inauguration du chemin de fer.

Une grande revue de la garde nationale sera passée par les autorités. Les corps de musique réunis exécuteront, pour le défilé, l'air des *Girondins*. Immédiatement après, il leur sera présenté des vins d'honneur à l'Hôtel-de-Ville.

A deux heures après-midi, il sera lancé, des chantiers de la marine, le navire de guerre à vapeur en fer à hélice la BICHE.

Bureau de Bienfaisance. Une distribution de pain et de viande sera faite aux vieillards indigents.

Festival.

A quatre heures de l'après-midi, les corps de musique se réuniront dans le Parc de la Marine, où ils se mettront en cortège et se dirigeront, après avoir parcouru les principales rues de la ville, sur la place Jean-Bart.

Durant le parcours, des pas redoublés seront exécutés à tour de rôle.

A l'arrivée du cortège au lieu de destination, sur lequel sera élevée une estrade, chaque musique prendra la place qui lui aura été assignée. Celle de la garde nationale ouvrira immédiatement le festival par un morceau d'harmonie militaire.

Le festival sera continué par les musiques invitées ; chaque musique exécutant, selon le numéro qui lui aura été assigné par le sort, deux morceaux à son choix.

Illumination.

A la chûte du jour, tous les édifices publics seront illuminés. Les habitants sont priés de s'associer à cette manifestation.

Bals.

A dix heures du soir aura lieu l'ouverture de divers bals, auxquels sont particulièrement invités MM. les membres des corps de musique.

2me JOURNÉE. — 4 septembre.

Distribution des médailles.

A dix heures du matin, les divers corps de musique seront réunis sur la Grand'Place. Immédiatement après l'exécution de la cantate de *Jean-Bart*, il sera remis, à chacun de ces corps de musique, une médaille en vermeil, commémorative de l'inauguration.

Une seconde médaille en vermeil sera remise au corps de musique qui aura fait l'entrée la plus pompeuse.

CORTÈGE.

Marche triomphale du Reuse.

A midi précis, le Reuse, géant des vieilles traditions dunkerquoises, sortira du parc de la Marine pour parcourir successivement les principales rues de la ville. Son cortège, auquel sont priés de se joindre les corps de musique invités, se composera d'un grand nombre de tableaux, savoir :

1° Un hérault-d'armes portant la bannière de Dunkerque.
2° Les armes de Dunkerque personnifiées.
3° Corps de musique. — *Garde nationale de Dunkerque.*
4° Bannière des quatorze amiraux.
5° Bannière de Jean-Bart, portée par un capitaine de pêche en costume du XVIIe siècle.
6° JEAN-BART, chef de capres, sur la dunette de son corsaire. — *Réunion d'amateurs.*
7° Un groupe de pêcheuses de grenades, précédé de leur doyenne portant leur bannière.
8° Un corps de musique.
9° TABAGIE FLAMANDE. — *Réunion de jeunes gens.*
10° Un corps de musique.
11° Un groupe de bazennes, précédé de leur doyenne portant leur bannière.
12° Un corps de musique.
13° Une embarcation allégorique. — *Société philanthropique et philharmonique.*
14° Un corps de musique.
15° NÔCE VILLAGEOISE. — *Société de jeunes gens.*
16° Un corps de musique.
17° La bannière des officiers-généraux de Dunkerque.
18° Hommage de Ste-Barbe à la Liberté. — *Société d'artillerie dite de Ste-Barbe.*
19° Un corps de musique.

20° Un hérault-d'armes portant la bannière de l'Harmonie.

21 LA FRANCE S'APPUYANT SUR DUNKERQUE. — *Société d'Harmonie.*

22° Corps de musique de la garde nationale de Douai.

23° GAYANT ET SA FAMILLE.

24° REUSE.

Bains de Mer.

Le soir, dans les salons de l'établissement des Bains de Mer, Concert vocal et instrumental, dans lequel seront entendus plusieurs artistes de Paris. Ce concert sera suivi d'un bal.

2me JOURNÉE. — 5 septembre.

Mardi matin, **TIR A LA CIBLE** offert aux gardes nationaux.

De neuf heures du matin à midi, JEUX DIVERS, auxquels tous les amateurs, en se conformant aux réglements particuliers qui en seront établis, pourront prendre part. A chacun des jeux, trois prix seront destinés aux vainqueurs.

Marché-au-Poisson. — Jeu de BASCULE HYDRAULIQUE.

Esplanade Ste-Barbe. — COURSES EN SACS.

Esplanade Ste-Barbe. — JEUX BRETONS.

De midi à trois heures, place Jean-Bart,

ASCENSION DE SEPT BALLONS COMIQUES.

RÉGATES.

A la marée de l'après-midi, toutes les embarcations inscrites, au plus tard le 5 septembre, à neuf heures du matin, au bureau du capitaine du port ou à celui de l'administration du pilotage, pour prendre part aux régates, seront mises à la mer.

Courses à la voile.

1° BATEAUX DE PLAISANCE,

ne dépassant pas douze mètres de longueur à la flottaison ou ne jaugeant pas plus de 25 tonneaux anglais.

Prix unique : Une coupe d'argent de la valeur de 1,000^f.

2° BATEAUX PONTÉS A VOILES DE PÊCHE ET CABOTEURS.

1er prix, 500^f. — 2e prix, 200^f. — 3e prix, 100^f.

3° EMBARCATIONS A VOILES NON PONTÉES,

ne dépassant pas dix mètres de longueur.

1er prix, 250^f. — 2e prix, 100^f. — 3e prix, 50^f.

Courses à la rame.

4° CANOTS LAMANEURS BORDANT QUATRE AVIRONS

et ne dépassant pas huit mètres de longueur.

1er prix, 400^f. — 2e prix, 100^f. — 3e prix, 50^f.

5° CANOTS DE NAVIRES MARCHANDS BORDANT QUATRE AVIRONS

et ne dépassant pas sept mètres de longueur.

1er prix, 200^f. — 2e prix, 100^f. — 3e prix, 50^f.

6° CANOTS DE FANTAISIE

ne dépassant pas dix mètres de longueur et ne bordant pas plus de six avirons.

Prix unique : Un objet d'art de la valeur de 500^f.

La première et la sixième course n'auront lieu qu'autant qu'il y aura pour chacune trois concurrents ; il devra se présenter au moins six concurrents pour toutes les autres.

La deuxième et la quatrième course sont uniquement réservées aux embarcations françaises ; celle des canots lamaneurs n'aura lieu que pour autant qu'il y en aura au moins trois étrangers au port.

Dispositions communes aux journées des 3, 4 et 5 septembre 1848.

A six heures du matin, sonnerie de toutes les cloches et salves d'artillerie.

Tous les édifices publics seront pavoisés, ainsi que les navires dans le port. Les habitants sont instamment priés d'orner et de pavoiser leurs demeures.

De dix heures du matin à trois heures après midi, ouverture du musée communal.

L'un des jours, au grand théâtre, représentation extraordinaire. L'affiche du jour annoncera la composition du spectacle.

Des réglements particuliers à chacune des parties de la fête seront publiés et affichés.

Les bals publics sont autorisés toutes les nuits.

Les commissaires de police sont chargés de veiller à ce que le bon ordre soit maintenu. Ils veilleront surtout à ce que les voitures ne circulent ou ne stationnent sur les points occupés par la foule, par suite de l'exécution du présent programme.

Fait et arrêté de concert avec MM. les membres de la commission des fêtes de l'inauguration du chemin de fer, le 20 Août 1848.

Le maire, MOLLET.

A. LEFEBVRE, A. DEGRAVIER, E. FORCADE, DUTOIT, P. DELFOSSE, C. MALO.

Vu et approuvé : *Le sous-préfet,*
Jⁿ DEBRY.

Programme réglementaire pour le festival du 3 septembre 1848.

Cette fête musicale est offerte à tous les corps de musique et à toutes les sociétés d'harmonie des villes et des communes françaises ou étrangères.

Art. 1ᵉʳ. Toute musique qui participera à ce festival recevra une médaille (en vermeil) commémorative de la solennité. Une médaille semblable sera décernée à la musique qui aura fait l'entrée la plus brillante et la plus pompeuse. A mérite égal, le nombre le plus élevé des musiciens l'emportera.

Art. 2. A 9 heures et demie du matin, tous les corps de musique voudront bien se réunir au débarcadère du chemin de fer, pour y assister à la cérémonie de la bénédiction qui sera donnée par Mgr le cardinal-archevêque de Cambrai. Leur place y sera désignée par les commissaires de la fête. La cérémonie terminée, ils feront leur entrée en ville, précédés de la musique de la garde nationale de Dunkerque, et exécuteront alternativement des pas redoublés. Ils se rendront ainsi sur la place Jean-Bart, où auront lieu la revue et le défilé. Les vins d'honneur leur seront ensuite présentés à l'hôtel-de-ville.

Art. 3. A 4 heures, toutes les musiques se réuniront dans le parc de la Marine. Elles s'y formeront en cortège, précédées par la musique de la garde nationale de Dunkerque. De là elles se dirigeront par les rues Neuve, Arago, de l'Eglise, Emmery, des Vieux-Remparts et des Vieux-Quartiers, et s'arrêteront sur la place Jean-Bart. Pendant ce parcours, des pas redoublés seront exécutés alternativement par chaque musique.

Art. 4. A l'arrivée du cortège près de l'estrade, sur la place Jean-Bart, chaque musique prendra la place qui lui aura été assignée. Celle de la garde nationale de Dunkerque exécutera immédiatement un morceau d'harmonie militaire. Les musiques des communes et celles des villes feront ensuite entendre un morceau à leur choix.

Art. 5. La fête musicale sera terminée par un grand

bal, auquel sont invités tous les corps de musique et les gardes nationaux.

Art. 6. Le lundi 4, à 10 heures du matin, le maire de Dunkerque procèdera, sur la place Jean-Bart, à la distribution des médailles.

Fait et arrêté de concert avec MM. A. Lefebvre, A. Degravier, E. Forcade, Dutoit, P. Delfosse et C. Malo, membres de la commission des fêtes de l'inauguration du chemin de fer, le 30 août 1848.

Le maire, Signé, MOLLET.

BALS.

Le 3 septembre 1848, à 10 heures du soir, il sera donné, à l'ancienne salle de spectacle, un GRAND BAL, auquel sont invités tous les membres des corps de musique et les gardes nationaux en uniforme.

Fait et arrêté de concert avec MM. A. Lefebvre, A. Degravier, E. Forcade, Dutoit, P. Delfosse et C. Malo, membres de la commission des fêtes de l'inauguration du chemin de fer, le 30 août 1848.

Le maire, Signé, MOLLET.

Réglement des régates.

Art. 1er. Les appareillages auront lieu suivant les circonstances. Tous les bateaux à voiles seront tenus d'être mouillés et pourront appareiller en filant leur câblot avec une bouée.

2. Le point de départ sera déterminé par une ligne formée par le stationnaire et une embarcation disposée suivant le vent.

3. Le stationnaire sera placé de manière à relever le pavillon établi sur l'estrade à terre dans le sud corrigé et la bouée blanche la plus rapprochée du port dans l'ouest corrigé.

4. Une chaloupe n° 1, portant au haut du mât le pavillon d'arrondissement, sera mouillée dans l'est corrigé du stationnaire et dans le N.-E. du mât des pilotes.

5. Dans le cas de vents du N.-E. au S.-O. passant par l'E., les bateaux à voiles partant du stationnaire iront doubler la bouée noire n° 2, reviendront doubler la chaloupe n° 1 placée dans l'E., et passant entre elle et la terre, ils se dirigeront sur le stationnaire qu'ils doubleront en passant à terre de lui.

6. Pour les vents du N.-E. au S.-O. passant par l'O., il sera mouillé dans le N. corrigé du stationnaire (à une lieue plus ou moins suivant la force du vent) une chaloupe n° 2, portant au haut du mât le pavillon d'arrondissement. Les bateaux à voiles partiront du stationnaire, doubleront la chaloupe n° 1 qui est dans l'E., remonteront dans le N.-N.-O. pour doubler la chaloupe n° 2, reviendront doubler la chaloupe n° 1 et enfin se dirigeront vers l'O. pour doubler le stationnaire en passant à terre de lui.

7. Les canots à l'aviron partiront du stationnaire, doubleront la chaloupe n° 1 et viendront, en se rapprochant de la terre, doubler une chaloupe n° 3 qui sera le point d'arrivée. Ils passeront à terre de cette chaloupe.

8. A 2 heures 50 minutes, le stationnaire hissera à la tête du mât le pavillon national comme signal de se disposer à l'appareillage.

A 3 heures, un coup de canon donnera le signal du départ aux bateaux de plaisance (1re course).

A 3 heures 10 minutes, le pavillon hissé de nouveau indiquera aux bateaux pontés qu'ils doivent se disposer à l'appareillage.

A 3 heures 15 minutes, un coup de canon (signal de départ pour la 2e course).

A 3 heures 25 minutes, le pavillon hissé une troisième fois indiquera aux embarcations non pontées qu'elles doivent être prêtes à appareiller.

A 3 heures 30 minutes, coup de canon (signal de départ pour la 3e course).

A 3 heures 40 minutes, pavillon hissé (signal de se disposer à partir).

A 3 heures 45 minutes, coup de canon (signal de départ pour la 4e course, canois lamaneurs).

A 3 heures 55 minutes, pavillon hissé (signal pour les canots marchands de se disposer à partir).

A 4 heures, coup de canon (départ de la 5e course).

A 4 heures 10 minutes, pavillon hissé (signal pour les canots de fantaisie de se disposer à partir).

A 4 heures 15 minutes, départ de la 6ᵉ course).

9. Lorsque le premier des bateaux à voiles de chaque course doublera le stationnaire, il sera tiré un coup de canon qui annoncera le vainqueur.

10. Il est interdit aux embarcations à la voile de se servir d'avirons, sous peine d'être exclues des courses.

11. Il est recommandé aux embarcations de promeneurs de ne point se placer dans le chemin des embarcations qui concourent.

12. Dans les chaloupes nᵒˢ 1, 2 et 3, il y aura des commissaires qui veilleront à ce que les embarcations ne passent pas en dedans de ces chaloupes.

13. Les pavillons distinctifs pour chaque course seront carrés pour les courses à la voile et des guidons pour les courses à l'aviron.

1ʳᵉ course, pavillons carrés bleus; 2ᵉ course, pavillons carrés rouges; 3ᵉ course, pavillons carrés jaunes; 4ᵉ course, guidons rouges, 5ᵉ course, guidons blancs; 6ᵉ course, guidons bleus.

Nota. Les pavillons rouges indiquent que les nationaux seuls concourent. Les bleus indiquent les embarcations de plaisance soit à la voile soit à l'aviron.

14. Les guidons des canots à l'aviron seront placés au bout d'un petit mât dépassant le plat-bord du canot d'un mètre et touchant l'étrave.

15. Les pavillons des bateaux à voiles seront arborés au haut du mât principal.

16. Les embarcations à l'aviron placeront sur chaque bord, à l'avant, le nᵒ d'inscription qu'ils auront reçu au bureau du capitaine du port. Ce numéro servira également à les placer.

17. Toutes les embarcations devront être, à une heure précise après midi, près du stationnaire.

18. Toutes les embarcations qui doivent lutter seront, avant le commencement des courses, mouillées sur six rangs parallèles. Le premier rang se composera des embarcations de la première course, le deuxième sera formé par celles de la seconde course, et ainsi de suite.

19. Les patrons qui ne se conformeront pas aux ordres des commissaires seront exclus.

Fait et arrêté de concert avec MM. A. Lefebvre, A. De-

gravier, E. Forcade, Dutoit, P. Delfosse et C. Malo, membres de la commission des fêtes de l'inauguration du chemin de fer, le 30 août 1848.

Le maire, Signé, MOLLET.

Imp. de G. Drouillard, éditeur de la Dunkerquoise.

www.ingramcontent.com/pod-product-compliance
Lightning Source LLC
Chambersburg PA
CBHW060934050426
42453CB00010B/2001